나비처럼 살 수 있다면

나비처럼 살 수 있다면

초판 1쇄 인쇄 2008년 10월 15일
초판 1쇄 발행 2008년 10월 20일

지은이 | 한인석
펴낸이 | 김태봉
펴낸곳 | 도서출판 띠앗
등 록 | 제4-414호

편 집 | 김주영, 김미란, 장승윤
디 자 인 | 조시형
마 케 팅 | 이준혁

주소 | (우143-200) 서울시 광진구 구의동 243-22
전화 | (02)454-0492
팩스 | (02)454-0493
이메일 ddiat@ddiat.co.kr
홈페이지 www.ddiat.co.kr

값 6,000원
ISBN 978-89-5854-057-1 (03810)

*잘못 만들어진 책은 구입하신 서점에서 친절하게 바꿔드립니다.
*이 책은 충청북도 문화예술 진흥기금을 지원받아 발간하였습니다.

나비처럼 살 수 있다면

한인석 시집

도서출판 띠앗

| 시인의 말 |

아주 오래전부터 가슴 속에는
세상에 나오려는
씨앗 하나 자라고 있었습니다.
하지만 그 씨앗이 싹을 틔워 성장한다 해도
밥이 되지 못한다는 사실을 알고부터
씨앗 머리 위에 나도 모르는
큰 바위가 하나 눌러져 있었습니다.
그래도 씨앗은 달빛과 이슬로 싹을 틔워
바위틈으로 머리를 내밀었고
수줍게 꽃을 피웠습니다.
아직은 가냘프고 부실한 꽃이지만
억눌려 있으면서 세상을 알았고
그리움을 삭혀 향기를 내려고
몸부림쳤습니다.
나비 한 마리 찾아와 주길
기다리는 마음으로….

2008년 가을
제천 의림지 아래에서
한인석

| 차 례 |

1부. 모과나무는 새 옷을 입고

2부. 잡초가 되기 위해서

3부. 꽃 그리고 사랑

4부. 그리운 미루나무

5부. 연탄난로가 있는 풍경

1부

모과나무는 새 옷을 입고

아침나절에 내려온 햇살 잡아
실타래에 감아 두었다가
밤새워 연둣빛
새옷을 짜고 있다

담쟁이 넝쿨

온 몸으로 끌어안았던
담벼락을 놓치고 말았다

하늘로 까치발 들었다가
발을 그만 헛디딘 게지

이슬 한 모금 목 축이려다

비틀거리는 세상
거꾸로 허공에 일렁이는
어지러운 세상

다시 한번 용기 내어
구름 사이로 쏟아지는
햇살 거머쥐고
하늘을 향해 올라가야지.

모과나무는 새 옷을 입고

집 앞 모과나무가 요즘
새 옷을 짓고 있다
작년에 입었던 낡은 옷을
모두 벗어 던지고
아침나절에 내려온
햇살 잡아
실타래에 감아두었다가
밤새워 연둣빛
새 옷을 짜고 있다
남풍에 떠밀려
소풍길이 열리면
입으려고
언 손 부비며 한 땀 한 땀
새 옷을 뜨고 있다

기다림 뒤에 숨겨진
이 설레임.

모래알

태고 적
지구에서 뚝 떨어져 나온
바위 덩어리 하나
풍화에 시달리며
수없이 뒹굴어 오던 나날
그 삶을 탓하며
존재를 지우려고도 했지만
이젠
그것마저도 희미하게 퇴색되고
저 한 몸 지탱하기도 힘든
닳고 닳아빠진 육신
生의 역정歷程 끝에
떠밀려온 곳
거대한 양수羊水가 출렁이는
지구의 자궁子宮 근처
철썩이는 발정소리를 들으며
작은 몸 곧추세워
새로운 탄생誕生을 꿈꾼다.

징검다리

제 자리를
찾기 전까지만 해도
피라미가 숨바꼭질하던
하나의 바위 덩이였던 것이

큰 꿈 안고
하나, 둘
모여들더니
물길을 가로지르는
또 하나의 길이 되고
하나만 빠져도
살아갈 수 없는
한 가족의 굴레가 되었네

물이 차면
우주 속으로 잠겼다가
해가 뜨면
다시 일어나

저편 세상을 열어주는
문門이 되었네.

목수가 되고 싶은

산봉우리에서 골짜기까지
수십 리 길이 평지가 된다면
천지개벽이라 하겠지

쓸모없던 그루터기가
잘리고 깎여서 올곧은
재목으로 쓰여지고
흐물거리던 콩 물이
반듯한 두붓모가 되는
창조의 변신

대패로 깎아내어
또 다른 탄생을 만들어내는
새로운 창조주를 꿈꾼다

살아온 인생도 대패질로 다듬어
연마할 수 있는
그런 목수가 되고 싶다
소박한 삶을 짓는

까치밥

마알간 맨 하늘에
낮달이 두둥실

구름 타고 일렁이며
유혹하는 저 몸짓

모두 다 떠난, 텅
빈 자리
마음은 발갛게 익어가고
바람만 휑한데

사각사각 귓전을 맴도는
감잎들의 이명耳鳴은
오순도순 삶을 꾸리던 소리

온 밤을 하얗게 새우며
님 기다리다
은빛 서리 옷 입겠네.

바지랑대

하늘 받쳐
비스듬히 기대 선
곧은 몸매

여인네
부드러운 손길로
반들반들 윤이 나고

새벽이슬로
보습한 피부에
고추잠자리 찾아오면

어젯밤 샘가에서
볼 붉혔던
황망했던 일 들킬까

고개 들어
하늘을 삼킨다.

달

밤마다
하늘 우러러보는 눈빛 받아
커질 대로 부풀어 오른 백옥반白玉盤
땅으로 내려앉는다

행여
그 빛 등에 업고 가던 나그네
산그늘에 낙상하지나 않을까
개울 징검다리 후울쩍 넘어
잰걸음으로 가는데

굼뜬 내 마음
아직도 털지 못한 미련은
달 속 전설을 찾아 헤매고

이젠
네 그림자에 가려
가슴앓이 했던 시름
숨겨두고 가려나.

닳은 구두를 보며

날이 갈수록 점점 줄어들고 있는 키
휘청거리는 몸짓으로
칠흑 밤길 헤치며
먼저 난 발자국 따라 나선
닳아버린 구두의 팔자걸음

낯익은 길을 따라
샛길로 들어서면
번개처럼 뇌리를 스치는 세월
뒤돌아볼 겨를도 없이
많은 세월 비틀걸음을 걸어왔다

갈대를 닮아가는 마음
고삐 조여 붙들어 매어 놓고
밑창을 깔아 보고
광을 내어 보고
새삼 번쩍이는 구두가 되어 보려 하지만
아직도 비틀거리기만 하는 가슴

분 재

열 살은 되었을 법한
산사나무 한 그루
팔은 꺾여 등뒤로 휘어지고 옭아매어져
물도, 햇볕도, 감질나게…
추위도, 더위도, 비바람도 모르고
살아온 수감收監 생활
몇 번이고
숨 줄을 놓으려 했다가도
이승의 그리움이
한줌 뿌리까지 스며들어
또다시 꽃을 피워 웃음도 내다 걸고
열매를 매달고 있지 않은가
자유를 속박당하면서도
누군가에 의해
길들여진다는 것
그로 인해 그는 행복하다.

밤꽃 내음에 취해

아카시아 화려한 드레스
길섶에 벗어 놓은
막차를 타고 온 그대
화사한 미소 풋풋한 얼굴로
짙게 풍겨오는 첫 만남의 설렘
모든 잔치가 끝난 뒷마당에서
결코 헤프지 않은 웃음으로
세상 벌 나비를
열병 들게 하던
……
순수한 삶의 본능인 것을
모든 가리고 있는 것들을 걷어내고
본능에 빠져들고 싶다
가식 속에 숨겨진 세상이
뽀얗게 벗겨지는 날

나비처럼 살 수 있다면

새처럼
높이 날 수는 없지만
낮은 곳에서도
두 장의 날개로
우주의 섭리를 일깨워 주는
천상의 전령
향기가 있는 곳이라면
어디든 초대받는 귀빈
풍요로운 삶을 일구며
모두 귀 기울이게 하는
사랑의 화술
환대 속에
비굴하지 않은 길을 가는
선비처럼
삶의 속박에서
자유로울 수만 있다면
하루를 산들
두렵지 않으리

산수유나무는 장을 펼치고

나무가 풀어내는 물감
뚝뚝 떨어지다가 철철 넘쳐흘러
개울을 노랗게 물들인다
그 물감 떠다가
하늘에 밑그림 그리고
나무그늘에 누워
내 생각을 덧칠한다
아들과 나, 아버지와 할아버지
증조, 고조할아버지로
더듬어 올라가
그리고 또 그리다가
구름 속으로 빨려 들어가
꽃샘 황사 속에서 찾아낸
노랗게 물든 마음 한 조각
꿈이다
나무는 그 꿈을 팔기 위해
또 장을 펼치고
사람들을 불러 모은다.

나 루

달빛 떨어지는
억새꽃 언덕에 올라서니
큰 북 하나 걸려 있네

둥둥둥 북을 울리니
억새가 출렁이고,
강물이 솟구치고,
잠들었던 산이 벌떡 일어서고,

이내
강 건너 외딴집 사립문이
삐그덕 열리더니
— 기다리시유 시방 나가유
작은 인적도 반가움에 젖는 외로운 나루

달빛 묻어 돌아오는
메아리 따라
비틀 걸음으로 오는
나룻배엔
산 그림자 가득 실려 있네

번개시장

사경四更*의 적막을 뚫고
모여드는 불빛들
무언의 경쟁은 시작되고
펼쳐 놓은 야채 더미는
금세, 난장을 이루며
곤한 새벽을 깨운다

흙도 마르지 않은 뿌리에선
아직 맥박이 퍼덕이고
튕기는 땀방울 소리마다
뇌성이 치듯
시공時空을 가른다

숨 가쁘게 주인이 바뀌며
바삐 돌아가는 세상

---

* 사경 : 하루의 밤을 다섯으로 나눈 넷째 시각.
상오 1시부터 3시까지. 정야(丁夜)

파장의 아쉬움을 접고
여명을 맞는 그곳엔
태양이 기다리고 있었다.

토 우

어둠에 갇혀 수천 년
한줄기 햇살에
깨어나는 잠

손끝으로
뼈와 살을 만들고
혼불 당겨
잉태시킨 생명의 꿈

태고의 비밀을 지켜온 흙

환생을 꿈꾸는
이름 없는 병정들의
천년 소망
이제
이루어질 수 있을까

2부

잡초가 되기 위해서

애써 갈아 놓은 밭에
슬며시 발을 들여놓더니
뻔뻔스레 자리를 넓혀가는
저 욕망

물 결

관절염 앓던 바람
손톱에서 립스틱, 속옷까지 온통
원색으로 치장하고
통명스럽기만 하던 오월 어루만져
나긋나긋 마실 나서면
그들의 애무가 시작된다
발끝에서 무릎을 지나 허리로
온 몸 비틀다가 토해내는 진홍빛 전설
앞 다투어 우~
온 세상 덮어 버리려는 물결
그 입술에 매료되어
정점으로 치닫는 오르가슴
사람이 그리운 빈 배
바람 따라 물결을 타고
첫선 보는 열아홉 어린 나무도
덩달아 울렁울렁
물결 따라 바람을 탄다.

오징어잡이 부부

다 저녁, 오가는 발길도 뜸한데
집어등集魚燈처럼 불이 켜진 자동차 짐칸
오징어를 낚고 있는 다정한 부부
매서운 밤바람에
해풍에 절은 무릎 서로 비비며
쪼그려 앉아 속삭인다
막둥이가 1등 먹었다고
자동차 물결이 지날 때마다
그리움으로 일렁이는 불빛
망망대해 한가운데
도시의 함성들 모두 잠재우고
둘만의 세상으로 둥실 떠간다
불빛이 호롱불처럼 포근해질 무렵
제 몸도 제대로 못 가누며
비틀비틀 어둠 속으로 빨려 들어가는
흐릿한 그림자
고단한 하루를 접고 포구에 돌아온 둘은
그제서야 닻을 내린다
어디선가 붕어 떼가 몰려 온다
촛불을 하나씩 들고서

돌 고르기
— 선거

대역사를 짓는 데 써 달라고
저마다 키재기 하는
모난 돌을 본다
나서 정 맞고 굴러온 토박이라고,
오지랖 넓은 큰 그릇이라고,
뚝심으로 모를 갈고 다듬었다고,
아우성들이다

다빈치 코드의 쐐기돌은 못 될지라도
그 누군가를 위해
온몸 달궈줄 구들돌
밑바닥에 깔려
담장을 지탱해 줄 디딤돌
시각과 청각을 어지럽히는 돌들의 소리
촉각으로 더듬어
눈높이를 맞춰본다

돌 고르기가
수박 고르기보다, 더
어려운 세상
무너지려는 하늘 떠받쳐 줄
주춧돌은 없을까?

무소유

겨울 산속
헐벗은 군상들 움츠리고 앉아
사지를 떨고 있네
풍요가 강물처럼 넘쳐날 때
태양을 따겠다고
뛰어들어 건져 올리던 욕심이
낱낱이 드러나
빈손이 되고
하늘이 내려와 바닥을 친다 한들
모두가 무관심이네
첩첩산중에
소록소록 내리는 하얀 눈
무소유가 주는 평안
정쟁政爭의 앞에 선
그들은 왜
그걸 모르고 있을까?

세월의 집

바람 길목 한 귀퉁이에
그물 늘여 놓고
몸을 숨긴다

비바람 속에서도
중심 잃지 않고 일렁이며
세월을 낚는 인고

길 잃은 참새가 지나간 자리엔
텅 빈 허공
찰나에 무너지는 허무

땅으로 곤두박질치면서도
씨줄 뽑아 새 집을 설계하는
스피노자

거미는 한 땀 한 땀 또
삶을 깁는다
한 세월을 깁는다.

북소리

살아생전 맺어진 인연으로
고락을 함께 했던 생명
산천을 울리던 포효 소리
아직 이명耳鳴으로 남아
맥을 잇고
끝난 줄만 알았던
억겁의 고리가 이어져 내려와
아득한 원시의 염원을 묶어
소리와 영혼을 버무려 놓았다
젊은 날
몸뚱이 하나를 지키려고
토해내던 그 소리는
이제, 인고의 세월을 침전시키며
숙성된 천상天常의 언어로
다시 태어나고 있다

둥—둥—둥
심금心琴을 울리는 소리.

몽매

건너갈까 말까
갈등 속에
조바심으로 말라오는 입술
선악과의 유혹에 빠졌던
이브의 마음이 앞서는 순간
천 길 세상 밖으로 추락해 버리고 마는
들고양이

이슬 내린 아스팔트
내려 깔린 전조등 불빛에
웅크리고 있는 하나의 주검

겨우
길 건너편 세상을 동경하다
잃어버린 목숨
찰라의 몽매蒙昧*함
이승의 굴레마저도 쉽게 벗겨내는

몽매 : 사리에 어둡고 어리석음

고속도로 위에서

산굽이 베어내고
길게 뻗은 길
처음엔 누구나
느긋한 마음으로 출발하지만
질주하는 세월에 휩쓸려
덩달아 속도를 낸다
앞서거니 뒤서거니 하며
목숨 내놓은 경쟁에
불꽃이 튀고
넘치는 살의殺意는
달리는 무기가 된다
올 때는 차례대로 왔지만
갈 때는 순서가 없는
피곤한 삶
불혹不惑의 고개를 넘으며
가속페달을 더 힘껏 밟는다
뒤따라 오던 차들이 점점 멀어지더니
금세 또 앞질러간다
고속도로 위에서는
누구나 혼자가 된다.

연

꽁꽁 언 아이 손에 매달려
나들이길 나선 가오리

새가 되고픈 열망
꼬리 흔들며 날아 보지만
세파世波에 부딪쳐
곧 추락해 버리고 마는

북서풍 힘을 빈 어려운 비상飛翔
한 가닥 실 탯줄에 온몸을 내맡긴 채
창공을 누빈다

어느 순간
툭, 끊어진 생명줄
허무와 절망에 얽혀 허우적거리다
번뜩 뇌리를 스치는 또 다른 자유
우주 깊은 곳으로 빠져드는 환희를 꿈꾸며
긴 여행을 위한
작은 별이 된다.

참새들의 만찬

하늘과 땅이 맞닿은
하얀 바다 한가운데 빠끔히 열린
반 평 남짓한 황금 들판

벅찬 가슴 애써 감추며
한곳에 모아진 시선視線
숨죽이며 지켜보는
긴장된 눈망울들
허기져 주린 배 숨기고
가래톳이 서도록 헤매다가도
눈길 비껴 세워 놓고
그냥 지나쳐 버리는 인고忍苦의 시간

새 덫은 하루 종일
그렇게 시위만 당기고 있다가
해거름녘 칼바람에 못 이겨
털썩 화살을 놓치고 말았다
그제야 모두들 모여들어 펼치는
그들만의 우아한 만찬

그것은
삶을 위한
무한한 기다림이었다.

술 맛
— 월드컵을 보며

들숨을 쉴 때마다
그리움이 스미는 누룩 향
김이 모락모락 나는 술밥
자유를 마실 수 있다는 유혹에
양조장 담을 넘나들던 때가 있었지
걸쭉한 탁주 한 주전자에
인생을 쏟아 붓던
정자나무 밑 들마루
쓰디쓴 검은 그림자가
목을 조이며 따라다니던
일천구백팔십이 년
난 그때
아무것도 못하고
술독을 뒤집어 쓴 채
애꿎은 세월만 축내고 있었지

그로부터 이십 년
짜릿한 소주 한잔에
절로 터지는 탄성
오, 필승 꼬레아!

기찻길 옆

레일에 귀를 대지 않고도
십 리 밖 숨소리를 듣는다
덜컹거리며 왔다가
서서히 꼬리를 감추는 뒷모습에
촉촉이 묻어나는 향수

지축을 흔드는 울림 속에서도
어린것들 노심초사 키우며
곤두박질치는 TV 화면도
하나의 일상이 되고
기적소리를 괘종시계 종소리로
바꾸어 놓았다

주어진 세상에 들어가
하나가 된다는 것이
이처럼 편안하다는 것을
이제야 알게 된다.

난초가 하고 싶은 말
— 요즘 아이들

— 물 좀 그만 주세요
— 영양제도 그만 주세요

미처 다 소화시키지 못하고
배설해 버리는 연약한 몸

견디다 못한 어린 마음
그 생각도
시들시들 썩어 들어간다

주는 것만큼
성장할 것이라 믿고 비교하는
이 어리석음

학교가 파한 뒤에도
대리만족의 먹기 싫은 간식을
꾸역꾸역 받아먹으며
이리저리 끌려 다니다
별을 보고서야 돌아오는 동심

창조가 빠진 꼭두각시가 되어 가고 있는
온실 속의 난초

— 햇볕도 좀 주세요.

관광버스 안에서

끈적한 공기가 흔들리는 버스 안
알코올에 담금질 된
달뜬 몸 부딪치는 소리

어둠을 가르며
대동맥에서 정맥으로
실핏줄로 이어지는 길
시간을 재촉하는 숨 가쁜 발걸음

불빛으로 전해지는
차창 밖 정겨움까지 끌어 안고
토해내는 희열
끊어질 듯 끊어질 듯하다가
다시 이어지는 음률

달아오른 얼굴
초점 잃은 눈들을 보며

주문진 앞 바다에서 만난
삼숙이*를 생각한다.

삼숙이 : 강릉 속초 주문진에서 많이 잡히는 못생긴 물고기로 매운탕이 일품이며 표준어는 삼세기이다.

잡초가 되기 위해서

애써 갈아 놓은 밭에
슬며시 발을 들여놓더니
뻔뻔스리 자리를 넓혀가는 저 욕망
목을 비틀어 잡아당기면
땅을 한 움큼 움켜쥐고 따라 나선다
애초에 뿌리째 뽑지 못하면
곁가지를 내밀어 낮게 엎드려 기고
진드기처럼 달라붙어
기승을 부리는
제가 마치 주인인 양
점령군이 되어 깃발을 꽂고
소국小國을 세운다

세상을 살다보면
잡초 같은 삶
그 그림자를 향해 손가락질 하면서도
한편으로는 부러운 눈길로
앞서거니 뒤서거니
따라가는 것을 보면

우리는 모두 잡초가 되기 위해
솟는 태양을 먼저
도둑질하려 하는지도 모른다.

북치는 곰

뒤뚱 뒤뚱 북을 치면서
한쪽으로만 가고 있는 걸음
북소리 하늘로 보내 메아리를 기다린다

온 몸 에너지를 다 끌어내어
신명나게 콩닥콩닥 놀던
송아지처럼 겅중겅중 뛰던 시절

등 밀어주는 아들놈 손끝이
제법 맵다고 느껴지는 순간
태엽이 풀려가고 있는 시간 속에
지나온 길이 훤히 드러나며
바빠진 마음

잠시 쉬었다 가고도 싶지만
오래전 어지럼증이 도질 것 같아
가끔은 비틀거리면서도
지금껏 넘어지지 않고
게으른 발걸음을 재촉하고 있다

또 다른 세상을 염탐하며
엇박자로 북을 치면서…

3부

꽃 그리고 사랑

칠흑 어둠속
뜨거운 가슴
실낱같은 빛을 찾아
애틋한 한을 불태우며
그가 오는 길을 환히 밝히리라

꽃 · 1
— 고요(수련)

새벽안개를 걷어내고
수줍게 고개 내민
풋풋한 얼굴

하늘을 삼킬 듯한
심연深淵 속의 아우성
넓은 손으로 지그시 눌러
가라앉히고

꽃대 하나
쑤욱 올려 보내
가슴으로 피워내는
화려하고 장엄한 꽃

세파에 검게 물들어
갇혀 버린 호수는
수련 앞에서
가만히
평온平穩을 되찾는다

꽃 · 2

— 허무(눈꽃)

하늘에서 흩날리는 서설에
처녀는 또
은빛 드레스를 펼쳐 봅니다
매년 입어보는 것이지만
허리는 잘 맞는지
가슴은 예쁜지
재어보곤 합니다
옷이 날개라지만
변덕스런 날씨 덕에 하루에도 수십 번
입었다 벗었다를 반복하는
그렇게 입어본 드레스만도
이루 다 헤아릴 수가 없습니다
눈뜬 햇살에 화사한 신부
그러나 곧 동화 속
벌거벗은 임금님의
비단옷이 되고 말았습니다

꽃 · 3

— 자존심(호박꽃)

햇살 한 입 덥석 물고
하늘 거울에 모두들
몸단장하느라 야단이다
화장기 없는 맨 얼굴
두루뭉술한 몸매로
그늘진 담벼락에 기대어 앓는 상사병
헤픈 웃음 팔아
화려하게 치장하긴 싫어
밤마다 침묵 안고
가슴속 깊은 눈물샘을 퍼 올린다
지는 모습은 더더욱 보이기 싫어
탱글한 분신 하나 매달아 놓고
슬며시 날아가는
노오란 나비

꽃 · 4
— 여자이고 싶은(족두리꽃)

은은한 달빛 아래서만
마음을 열어주는
강한 줄기와 잎
앙칼진 가시도 있지만
부드러운 꽃잎을 가진
척박한 삶일지라도
가지를 많이 쳐서
가문을 번창시키려는
새색시 머리 위에서
우아한 자태로
삼종지도三從之道*를 행하라 하는

천사 같은 얼굴

밤이슬에
자수정처럼 빛나는
어머니를 닮은 그대

삼종지도 : 봉건시대 여자가 지켜야 할 세 가지 도리.
(어려서는 아버지를, 시집가서는 남편을, 늙어서는 아들을 따르라는 뜻)

꽃 · 5
─ 기다리는 마음(등나무꽃)

오늘은 또 누군가 찾아와
나를 어여쁘다 하며
세상 돌아가는 쏠쏠한 얘기를
들려줄까?
볕발이 따가웠으면
더 좋겠지?
입술이 부르트는
갈증이 있을지라도
내 그림자를
그리워하는 이들이
더 많을 테니까

하루 종일
매연에 그을은 얼굴이지만
연보랏빛 입술에 수줍은 미소
마냥 앉아있고 싶은
휴게소 벤치

꽃 · 6

— 순리(코스모스꽃)

모처럼 찾아온 님
돌아설까 봐
온몸 솜털까지 곤추세워 버텨 보지만
앞서가는 바람결에
결국 흔들리고 마는
재잘재잘
몰려가는 아이들 소리
자지러지듯 긴 목 흔들며
반색하는 얼굴 뒤엔
무슨 기다림이 숨어 있는 것일까
태풍에 휘감긴
해바라기 옆에서
일렁일렁
세파를 비켜가는 유연한 삶
서릿발 흰머리에
기력이 다한다 해도
가냘픈 몸 물결 따라 바람 타고
분신들 멀리 더 멀리
날려 보내려는

꽃 · 7
— 군무(메밀꽃)

차마 눈이 부셔
손을 가리고 바라보는
홍학들의 군무群舞
금방이라도
후루룩 날아오를 것 같은
날갯짓
가슴을 두근거리게 하는
짜릿한
맨살의 미끈한 다리
그 누가
곁눈질 한번 안 하고
지나칠 수 있으랴

봉평 소금밭 속 수런거림을
노원路園에서 보는
이 황홀함

바위구절초

인적 없는 바위틈에 숨어
세상을 내다보는
해맑은 눈망울
수줍은 얼굴에
작지만 짙은 향 피워
사르는 몸짓
아득히 피어나는 그리움

잘 다듬어진 자리보다는
거칠고 아슬아슬한
바위가 더 잘 어울리는 삶
속에서 우러나는 겸손으로
치열한 경쟁의 소용돌이에
휩쓸리지 않고
있는 듯 없는 듯
하지만 당당하게 피워내는
삶의 향

민들레 사연

오가는 발길에 채이면서
도심 길가에 쪼그리고 앉아
흘린 이야기들 주워 담다가
울타리 밑에 배를 깔고 엎드려
맨땅에 그림을 그린다
꽃비가 지나가다
그림자를 판화로 찍어 놓았다
노오란 밑그림으로
다시 그리려는 등 뒤에서
이번엔 바람이
머리채를 휘어잡고 흔든다
그래도
자식을 키우는 민들레는
안락한 삶을 마다 하고
가난한 보금자리 찾아
지성으로 홀씨 부풀려
하늘로 하늘로
날려 보낸다
먼 길을 홀로 걸어오신
장모님처럼

사랑 · 1

— 첫사랑

서걱서걱 언 손 부비던 갈대 잎에
만개한 눈꽃 떨기들
아침 새 빛에
은은하게 발산하는 욕망
다가서면 금시 이지러질
이슬방울
새가슴 감추고
먼발치에서 바라보며
그대로 천 년의 잠 속에
빠져들고 싶어라

첫사랑은
아직 덜 피어난 향기가 없는 꽃
그러다 지워지고 마는
피어날 수 없는 꽃망울
그러나 가끔은
가슴을 촉촉이 적셔주는
손톱 속의 봉숭아 꽃물 같은

사랑 · 2
— 봄

나풀나풀
남풍에 실려 날아와
삽짝문 열고 들어선다
볕을 쬐던 백구가 덥석 물려다 그만
사뿐사뿐 춤을 춘다
꼬리 춤을 춘다
돌담에 기대선 찔레나무 순이
돌배기 볼기짝마냥 젖살이 올랐다
깨물고 싶은 촉* 앞에
어느새 넋을 잃고
바람도 꼬리를 내리고
지구도 가던 길 멈춰 섰다
탄생의 순간을 위해
견뎌온 혹독한 세월
내 깊숙한 내면에서도
무엇인가 꼼실거린다
봄 아닌가!

촉 : 난초나 풀 같은 것에 뾰족하게 올라오는 싹

사랑 · 3
— 바람

툭 툭!
팝콘을 터트리며
재 넘어 달려온 바람
산벚나무에 걸려 은빛세상 만들더니
바람맞이 나온 少女
청 치맛자락에 매달려
스러지고 만다
밤새 가슴속 헤집던 바람
산철쭉 젖멍울 부풀리더니
핏빛으로 엎질러 놓고
담을 넘고 있다
훨 훨
강을 건너고 있다
그 바람 다시 맞으려면
나이테 굴레만큼
또 홀로 서야 하지만
가슴속에서
소용돌이치는 바람은 벌써
문간을 넘어 버선발로 나서고 있다.

사랑 · 4

— 연심蓮心

산새 소리에
쩡 하고 금이 가는
구름 걸린 산사 연못
부표처럼 물방석 깔고 앉아
천 길 수심에서 길어 올리는
깊이를 알 수 없는 그리움
가슴 깊이 숨겨 놓았던
비단 보자기 속 씨앗들
하나 둘 풀어 봉오리를 만들고
진흙 뻘에 묻혀 차곡차곡 쌓인 연민
연분홍으로 물들여
세상 밖으로 밀어 올린다
이제는 더 이상
부끄러움도 수줍음도 없다
꽃대 하나 올리려
허공에 떠 있는 저 마음

사랑 · 5
— 수선화

이슬에 젖은
물빛 고운 원피스 입고
소롯길 다소곳이 비켜선 그대
입가에 머금은 보랏빛 엷은 미소
억새 줄기같이 서걱이는 가슴
촉촉이 스민다
이 얼마만인가~
심장으로부터 전해지는 맥박의 전율이
가속페달을 밟는다
무언가 잊고 살아 온
무덤덤한 일상을 뒤엎고
일어선다, 짜릿한 꿈을 찾아
먼 길 가다가
고갯마루에서 쉬어가듯
生의 절반쯤에서 맞이하는
잔잔한 흔들림

그리움이 노을처럼 번지는 날이면
내 마음은 벌써 지진의 진원지를 찾아
소롯길로 가고 있다.

사랑 · 6
— 달빛

하늘 가장자리
구름이 한입 베어 먹은 것 같은
쭈글한 달 하나 걸려 있고
라일락 향기 새어 든
창 안엔, 탱탱한
우윳빛 달 두 개 떠있네
하늘과 창 사이
그대의 잔 위에 떠있는 달은
봄밤을 훅~
달아오르게 하는
복숭아 속살 같은, 품속
따뜻한 자궁에 스며든 태초의 빛이
유년의 그리움에 젖어있을 때
창밖에서 시작되는 반란의 몸짓
쩍쩍 갈라지는 지구 껍데기들
뾰족이 머리 내미는 새싹들
하늘하늘 나는 꿈
사랑이었네.

사랑 · 7

— 겨울로路

어둠에 숨어 떨고 있던 응어리
셔터 소리와 함께 서서히 녹아내리고
생선뼈 닮은 은행나무
갈 길 바쁜 바람을 잡아 쭈뼛쭈뼛 팔 벌린다
먼지 한 점 없는 아스팔트 위로
빈 성냥갑 닮은 버스가
비틀비틀 미끄러져 간 뒤
블록 조각 햇살들이 뿔뿔이 흩어진다
붕어보다 배가 더 부른
붕어빵 닮은 사람이
그림자가 달린 리어카를 끌고 와서
연탄불을 지핀다

벌써 몇 시간째
전봇대 옆에 기대선 인내
옷이 점점 커지는 걸 느끼며
시동을 켜는 순간
온몸을 뒤흔드는 진동

휴대폰 속 그의 목소리는
해를 몰아 가슴속으로 들어온다
따뜻한 이 온기溫氣
바보를 닮은~

아름다운 관계

— 詩

그는 소설 속 주인공처럼
속내를 숨기며
가슴에 파고들어 자리를 잡았다
그 깊이를 재어보려고
수없는 밤을 넘기던 책장들
빗방울이 장막을 치고
안타까움에 목말라하던 가슴
세상의 모든 가식을 쓸어내고
탈출은 시작되었다
녹슬었던 장벽이 열리는 순간
생각만으로도 가슴은 두방망이질
거침없이 빠져드는 늪지대에서
또 한번의 탈출

아름다운 생生을 찾아가는 길에
함께 가면 좋을 동반자

여늬의 편지
— 『조두진의 능소화』를 읽고

하늘 꽃을 따온 죄로
평생을 마음 졸이며
울 밖 세상을 그리던 여늬

하늘이 정한 운명을 거스르고
부부의 연을 맺고 살아 온
짧은 세월, 그리고 이별
그 아픔을 절절히 토해낸
사백 년 전에 부친 편지

이승에서 못다 이룬 사랑
꼬깃꼬깃 접어
안식년에 들어갔다가
피 끓는 애절함에 능소화로 환생한
죽어서도 이쁜 꽃
가장 화려할 때 툭, 떨어지는
자존심

무덤 속 편지 한 장이
누대累代를 비웃으며
가슴 적신다.

숨겨둔 사랑
— 등대

혼자서 짝사랑만 하다가
오랜만에 그의 눈빛을 보았다
칠흑 어둠 속
뜨거운 가슴
실낱 같은 빛을 찾아
애틋한 한을 불태우며
그가 오는 길을 훤히 밝힌다
서로 교감하던 그리움은 더욱 부풀어 올라
스치는 바람결에도
비릿한 그의 체취를 맡는다
혹시, 한눈파는 사이
시야에서 멀어질까 봐
뜬눈으로 지새우는 밤…
새벽녘에도
형형한 그 눈빛
내밀한 속으로 숨어드는 사랑
생각에 잠긴다.

그리운 미루나무

하늘에 펼쳐보이고 싶은 물빛 세상
흙을 향한 모성으로
지친 마음들 쉬어가게 하던
키다리 나무

초가을 산

밤마다
하얀 달빛 끌어안고
한바탕 놀아났다
칡넝쿨처럼
얽히고 설켜
싱싱한 살 냄새에 젖었다
안개 바다를
품에 안고 맞는 이 아침
성숙할 대로 성숙한
무르익을 대로 무르익은
풍만한 가슴
튕겨져 나오는 햇살
다독다독 다독이며
풀어지려는 단추 여미고
기다린다
곧이어 터질 초경初經
그리고 다가올 절정을

그늘에 선 나무

목을 길게 빼고 있지만
사는 것이 느~을 목말랐다
양지쪽에 서고 싶은 마음이겠지만
그것도 타고난 천성이 아니고서야
게으른 몸뚱이 추켜 세워 음지에서도
수십 년 홀로서기를 했다
출생은 세상과의 인연
낮이 짧음을 애석해 하며
젊어서 못다 한 정열
그 아련한 그리움을 찾아
어둠 밝혀 일어선다
이제
잔뿌리까지도
지구의 모든 세포를 움켜쥐고 있는
불혹의 나무는
조용히 숨고르기를 하며
스스로 제 팔을 잘라
제 그늘 밑에 선
또 다른 나무를 키운다.

숲의 소리

웃음소리 방울방울 매달고
안개 내려 덮은 숲 속
오케스트라 연주가 시작된다
나뭇잎 펄럭이다 스러지고
새소리에 놀란 다람쥐 달음박질치고
물, 바람
발 밑에 묻어나는 발자국 소리까지
목관의 저음에서
현의 외줄을 타고
하늘로 오르는 음률
폭풍우의 '운명'도 절정에 이르면
파도의 포말처럼 부서지다가
가슴 깊이 가라앉으며 찾아오는 고요

억만 년 원시의 숨결을 지켜오는
숲의 호흡,
그들의 연주가
온 세상을 감싸주고 있다는 것을
세상은 알고나 있을까?

어린 나무여!*

잠심潛心에서 찾아낸
올 곧은 물줄기를
하늘 높이 끌어올리는 그대
짙푸른 재목으로 우뚝 서기 위해
홀로 뛰어든 벌판
무서리는 혹독했었지
온 몸이 파김치가 되어도
푸르름 잃지 않으려고
메마른 입술을 깨물었지
세상을 참되게 올바르게
온몸으로 말하는
어린 나무여!
나이테 한 켜 한 켜
늘어갈 때마다
양 어깨는 무거워지겠지만
꿈을 향한 뜨거운 가슴이 있기에
그대 얼굴은
연蓮처럼 아름답다.

---

* '투데이 제천' 창립 첫돌 祝詩

의림지에 뜬 달

낮에는 맑은 유리로
세상의 문을 열고
밤이면
그 문을 환히 비추고
제 모습 드러내는
밝은 날보다는
숨기며 삶을 내비치는
어둠이 더 그리운
마음의 창
피재골에 적막이 깔리면
낮 동안 노송 품에 숨겨두었던
달 하나
슬며시 물위에 띄워놓고
하얗게 지새우는 밤
그 넓은 그릇에
가득 담긴 소원
하나씩 둘씩 풀어놓고
길이 따라간다
그리움이 다시
잠길 때까지

금수산

여인의 나신裸身
몽실한 둔덕 아래로 쏟아지는
용담의 석간수石澗水

비단 폭 치맛자락
물안개에 젖을까
하늘로 휘날리고

밤새 가위 눌린 꿈에 쫓기던 산새
아련한 칡꽃 내음에 휘감겨
이제야 새벽잠에 떨어지는데

벼랑 끝 소나무에 걸린
달빛 한 올
촉촉한 이슬 털고 떠나며
세상의 잠을 깨운다

개옻나무

죄인처럼
고개 숙이고
혼자서 삭인 속앓이로
가슴은 숯덩이
알아주는 이 없고
찾아오는 이 없어
영혼을 불사르며 가슴 치던
나날들
갈빛 노을에 멍든 가슴
오색으로 젖어
잎새마다 사념을 매달고
서릿바람에
떨고 있다

한 발 뒤에서
바라보는 애련哀憐한 정
병풍 친 산도 발갛게
물들고 있다.

그리운 미루나무

푸른 산에 오르고 싶다, 나무는
직립으로 키재기 하며
은어처럼 비늘 반짝이며
하늘을 유영한다, 가난에
먼지 풀썩이던 메마른 가슴
옹이로 굳어가지만
겨드랑이에 그리움 숨겨놓고
가슴 속 소망을
뽑아 올린다, 하늘에
펼쳐 보이고 싶은 물빛 세상
흙을 향한 모성으로
지친 마음들 쉬어가게 하던 키다리나무
골 패인 피부 속살
바랜 문신처럼
흐릿해진 나이테에는
내 나이만큼 이루지 못한 소망들이
차곡차곡 쌓여 있겠지

억새의 투지

입이 있어도 말하지 못했던
삶이 서러워
문틈으로 스며드는 자유
목이 메인다
한줄기 빛에
가슴을 열어 고개 들어보니
모두들 외치고 있다
삶의 터전을 달라고
몸부림치고 있다
먹구름이 무작정
비를 쏟아 붓는다
이미 열린 문을 닫으려고
바람이 휘몰아친다
허리를 굽히면서도
언제든 일어설 준비를 하는
내면에 숨겨진 투지
매서운 태풍이 온다 해도
억새는 부러지지 않는다
잠시 몸을 낮추어 피할 뿐이다

녹색 세상

소슬한 바람결에도
몸을 떨며
물빛 솔향을 피워내고 있다
척박한 땅에
하나 둘 모여들어
뿌리를 내리기까지
눈물겨운 삶을 살면서도
흙을 움켜쥐고 서로를 위로했다
가뭄에도, 장마에도
변함 없이 빨아올린 수액으로
몸을 곧추세워
튼실한 바람벽을 세웠다
모난 세상을 돌고 있는
우주 한 귀퉁이
실금이 가고 있는 지구를
움켜쥐고 있는 그들은
이제, 나무가 아니다
한 몸으로 울고 웃는
거대한 바다가 되어
새 생명을 창조해 내고 있다

나무등걸

두 팔과 몸통이 잘리는 아픔을
숙명으로 받아들였다
톱 자국, 낫 자국이 낸 상처
이미 아문 지 오래
모든 걸 용서하고
세상 밖으로 나가려는
풍화風化의 길
젊은 날 하늘을 찌를 듯하던 권세는
땅속에 묻어둔 채
웅크리고 있는 볼품 없는 등걸
이제, 그 뿌리마저
세월에 쫓겨
흙으로 돌아가려 한다

머지않아
다가올
소멸消滅의 그림자를 본다

돌아앉은 山

듬성듬성 서있는 나무들의
힘겨운 하소연, 한숨
모두 다 끌어안고 삭혀
등 다독여 주는
비단결 마음을 가진 그가

허튼 수작, 몹쓸 짓
다 눈감아 주고도 모자라
몸속 장기까지 나눠주는
조금은 모자라는 듯한 그가

초엽草葉 터지는 소릴 듣고도
커다란 등짝을 보이며
돌아앉았다
누구보다 기뻐해야 할 그가

살을 파헤치는 고통을 감내하며
자비의 한계를 넘어
또 겪어야 할
인간의 이기심 앞에.

홀로 산다는 것은

불길이 지나간 자리
용케도 살아난 아카시아나무
홀로 서 있을 때는
춥고 외로워, 그냥
숨 줄을 놓으려고도 했었네
훈훈한 바람이 일고
파릇한 이웃이 생겨나더니
내 몸속에서도
피가 돌기 시작했네
나를 의지하려고 안간힘을 쓰는
칡넝쿨의 정이 그리워
내 허리를 그만
허락하고 말았네
고달프고 힘든 나날이지만
외로움을 떨칠 수 있어
그냥 참고 살았네

홀로 산다는 것은
외로움과 싸우는 일인데
다 떠나버린 농촌
빈집 마당에 홀로선 봉선화가
유난히 꽃씨를 많이 달고 있네.

수몰민의 고향

할아버지가 일구어 놓은 삶을
송두리째 삼켜 버리더니
왜, 다시
그 넓은 가슴을 다
드러내었나
접근도 거부하던
그 시퍼런 자만은 다
어디로 가고
흰 뼈만 앙상한
옛 마을 앞 느티나무
무너진 토담, 지워진 길 다시 내놓고
초췌한 얼굴로
어찌 소리 내어 흐느끼는가
물 빠진 호수 한가운데
기억만 아련한 고향집 마당에서
눈시울이 뜨거워지는
이 가슴은 어찌하라고.

박달재 휴양림에서

천등산 난간에 걸렸다
툭! 떨어져 내린 것 같은
솔 숲
처서處暑를 막 넘긴 자리
연극이 끝난 뒤의
공허한 메아리만 감도는
포만에 흠뻑 젖은
황토를 입은 빈 둥지
숨 가쁘게 구불거리던 길
길게 펴지더니
뒤엉킨 생각의 올도
술술 풀리며 스며드는
촉촉한 밤
금봉이의 환상을 꿈꾸며
지친 몸
숲 속에 푹 담갔다가
햇살로 건어내며
일상의 새날을 연다.

5부

연탄난로가 있는 풍경

빌딩처럼 쌓아올린 도시락들
옹기종기 둘러앉은 또래들
하얀눈을 덮어쓴 사람들이
왁자지껄 몰려온다
그리움이 우르르 떼라 들어온다

조약돌의 꿈

처~얼 썩 차르르
목울대를 울리며 토해내는 울음
온몸을 뒹굴며 세파에 견디기를
하루에도 수천 번
그러다 또
날이 밝는다
태어난 곳이 어디던가
떠돌이의 외로움 달래려
백사장에 썼다가 지운 편지들 접어 품고
마음 삭혀온 나날
세월에 풍장風葬 되어
마지막으로 만든 사리舍利 하나
이제, 아름답게 묻힐 곳을 찾아
파도를 탄다
산다는 것은
외로움을 떨치기 위한 연습
넓은 바다 그릇에 담기고 싶은 꿈에
오늘도 또 구른다
차르르 처~얼 썩

자반고등어

시장에서 아내가 사온
자반고등어 한 손
망망대해를 가르던 젊음
난전을 이리저리 기웃거리다
소금에 절은 미라처럼
어느 생선 집 좌판에서
비린내를 풀풀 날리며
다소곳이 세월을 주워 담고 있는가

영혼 결혼식이라도 하였나
큰놈 작은놈 짝을 맞춰
살을 섞고 있는
죽어서 더 행복한 삶이여
감칠맛 나는 농익은 生의 맛
추~욱 처진
어머니 젖무덤을 그리워하듯
잘 구워진 고등어 껍질에서
유년의 바다가 출렁인다.

그리운 마라도
— 등대

아득한 기억
분화구 속을 뛰쳐나와
길 잃고 떠다니다
닻을 내린 반도 끝자락
세월 속에 조금씩 무너져 내리는
관절의 통증을 쓸어내며
꾸역꾸역 몰려드는
공포와 맞서길 수십 년
해풍에 절은 이끼 낀 아랫도리
이미 피가 멈춘 지 오래
어둠이 수평선을 지우면
문설주에 사방등 하나 걸어 놓고
뭍을 향한 그리움에
귀 기울인다

생의 항로를 묻는 이 찾아오면
다정한 눈빛으로
길을 밝혀 주는
깊은 산 홀로 암자를 지키는
부처님의 제자 같은

하늘 자리

성난 하늘 내려와
흙탕물 버무려
모래알로 토해 놓았다

어지러운 간판, 전선줄
꼬리를 문 차량 행렬
속세의 모든 거추장스런 것들
모두를 거두어 갔다

황톳빛 바다가 물러갔다

고요한 적막감
굳게 닫혔던 문을 여니
처마 밑에 피어난
백합 한 송이

말 없는 꽃의 침묵에 놀라
하늘은 다시
빈자리를 찾아
황급히 올라간다.

분 노

— 태풍

다 뒤엎었다
모든 것을 삼켜버렸다
제몫 챙기기에
인륜이 곤두박질쳐지는 세상처럼
수백 년을 지탱해 온 뿌리를 뽑아
하늘에 거꾸로 매달아 놓고
땅을 딛고 굴러야 할 네 바퀴도
벌렁 드러누웠다
죄 없이 생매장된
짓무른 눈가에 잡힌 한恨
성난 자연 앞에
변명도 못하고 하늘만 쳐다보는
진흙을 뒤집어 쓴 라디오에서
연신 토해내는 속보
— 천재가인재가되고인재가천재가 되고
흙탕물 속으로 빠져들고 있는
한 마리 개미는
토해 놓은 분노 앞에
지푸라기를 잡고 허우적댄다.

소나기

삼복을 넘긴 곰삭은 구름
밤새 속 끓이더니
면발처럼 뽑아 올려
꽂꽂이 섰다
그가 바라는 건 언제나
직립으로 키를 세우는 것이다
어쩌다 사선으로 누울 땐
비누거품처럼 부풀려진
분노의 범람
가슴 탁 터놓고
시원스레 내리 꽂히고 싶은
아픔 덩어리
어르고 달래다가
끝내는, 또
하늘로 밀어 올린다

그 안에 감방이 있고
세상이 갇혀 있는 줄도 모르고

야간 열차

짐칸에 꼬리를 문 생각 가득 싣고
어둠 속을 질주하는 중년
간헐적인 흔들림에
잠자던 어둠들 부서지며
일제히 일어나 앉는다

지금까지 달려온 길보다
남아 있는 길이 더 가까이에 있건만
무에 그리 바빠서 희미한 눈 부비며
저리 허둥대고 가는가

잠시 멈춰선 간이역에서
선잠 깬 문명文明
앞서 가라 비켜주고 나니
어느새 나 또한
덜컹거리는 마음 재촉하며
어둠 헤쳐 일어서고 있네.

얼어붙은 폭포

안개 속 초목을 그렇게 떨게 해놓고
독설을 요란스레 퍼붓더니
어느새 곤한 잠에 빠져버렸구나

마음조차 얼어버린 하얀 계곡
오만으로 가득 찬 내면세계
자아를 찾아 떠난 혈류는
우 맥박만 들썩이고

저 푸른 날 다툼하던
민초들도 동면에 들어간 밤
눈썹 닮은 달빛도
모둠발로 비켜 가는구나

날이 밝으면 또
어지러워질 세상도
가끔은 이렇게
사색하며 살 수 있다면

겨울비

먼지만 풀석이던 가슴을
사정없이 두드리다
꽂히지 못하고
튕겨져 나오는 은침들
길게 누운 강을 일으켜 세워 놓고
논둑길을 따라와
앞마당에서 금세, 하나가 되고
그러다가 다시
들을 지나고 산을 넘고
머언 창공으로 뿔뿔이 흩어진다

담장 밖 세상을 동경하는
여린 가슴
흥건히 적셔 놓고
늙은 소나무 품에 숨어버리는
매몰찬 몸짓
수줍어 고개도 못 들면서
슬며시 손을 내미는
유리병에 뿌리내린

고구마싹 머리에
햇살 한 조각 기우뚱
외줄을 탄다.

상 처

나뭇잎이 만국기처럼 펄럭이는
한적한 비포장 길 한 켠
불빛도 잠들고 소음도 숨을 죽인
평온한 세상
숨겨두었던 은혜恩惠의 마음
새록새록 고개를 들고
수백 번 벼렸던 입을 떼는데
먹구름이 몰려온다
찬비가 머리를 때린다, 사정없이
시퍼렇게 멍이 들다가
쩡 하고 금이 가는 심장
암흑 속에 고립된 새 한 마리
갈 곳 몰라 방황한다
빛이 들어오고
소리가 들려오고
세상이 다시 깨어나지만
이미 돌이 되어 버린 가슴
풍화되며 모래알로 흩어진다
그곳에서 다시는
새싹을 볼 수가 없다.

하루 햇살

동지冬至를 몰고 온 하루 햇살
저 쉴 곳을 찾아 기웃대며
문 두드리는 소리

빗장 풀어 장독대 열어 놓고
기다리던 어머니
버선발로 나서 맞으려는데

창문 틈으로 내다보던
고구마 싹이 먼저 눈치 채고
목 늘여 발돋움하고
마당가 잔등 내어놓은 암소
감질 맛에 긴 하품만

먹장을 뚫고 새어나온 실빛이
백년지객百年之客보다
더 반가운 오후
세상사 갈망을 어깃장 놓는
구름발은
그걸 아는지 모르는지

토용土俑의 절개

정갈하게 땋아 올려 상투 친 머리
갑옷 받쳐 입고 치켜뜬 두 눈
여덟팔자로 꼬아 올린 위엄 있는 콧수염
물샐 틈 없는 경계

한기寒氣마저 감도는…

제 목숨 주인에게 맡겨놓고
죽어 무덤 속에 유배되어
혼까지 지켜주던 충심忠心

나도 저런 신하 하나 두었으면…

그 마음 사 오려고
지폐와 맞바꾼
그를 닮은 모형 하나 책상 앞에 놓고
내게도 충성을 다하라고
명령한다 또 명령한다

그러나 아직도 숨을 열지 않고 있는…

진시황 유물 전시장에서 데려온
토용 하나.

입 동

지팡이 짚고 선
돌배나무 머리 위에
어스름 달빛이 내려앉는다
갯바람에 떨고 있는
문풍지 소리
가슴까지 저려오는데
혼자서 삭이려는 마음
무참히 찢겨 나뒹굴고
나신裸身으로
된서리에 맞서려는
저 몸부림은

마지막 남은 자존심

바람이 지나간 자리
갈 곳 없는 분신들 다시 모여
새로운 피안彼岸을 그리며
곤한 잠에 빠진다.

설 화

김 서린 거울처럼
희뿌옇게 얼어붙은 호숫가
온 몸 돌기를 세워 갈망하는 나무
가지 흔들어 홀씨처럼 떠도는 사연들
일일이 불러 모아 털옷을 짠다
은사가 박힌

가슴속에 깊게 내린
연민의 뿌리
허허로운 품속에 옮겨놓고
거울 비춰 옷깃을 여민다
한껏 기대에 부풀어

바람이 따라 나선다
햇살이 비집고 들어온다
화사한 눈부심은 자꾸만 스러지려 하고
목울대를 넘어 복받쳐 오는
뜨거운 이 눈물

얄밉다
터지는 꽃망울이.

연탄난로가 있는 풍경

화살처럼 날아오는 진눈개비
이를 막으려 두 팔 휘젓는 자동차들
이리저리 쫓기는 스산한 발걸음

여기는 도심 속 찻집
벌건 연탄 방석을 깔고 앉은 주전자가
자작자작 수증기를 피워내고
뽀얀 도화지가 된 유리창에
검지로 그림을 그린다

빌딩처럼 쌓아올린 도시락들
옹기종기 둘러앉은 또래들
하얀 눈을 덮어쓴 사람들이
왁자지껄 몰려 온다
그리움이 우르르 따라 들어온다

창 하나를 사이에 두고
거꾸로 돌고 있는 시계바늘
아득한 기억 속에 숨어 있던
흑백 세상에서 보았던 풍경들

설중동백雪中冬栢

하 많은 날 다 지내고
하필이면 엄동설한에 오신 당신
미어져 터질 듯한 가슴 풀어헤쳐
기어코 고백하고 말았구려

말 못할 고통 붉게 삭혀
목화솜 이불 살포시 들추고
상기된 얼굴 수줍게
봄날처럼 벙그는 사랑

밤새 헝클어진 바다
가지런히 빗겨놓고
찔찔한 바람 맨얼굴로 맞으며
쉽게 살아온 세월 풀어내는 몸짓

바다에 비친
시퍼렇게 얼어붙은 하늘도
속앓이 하는 이 마음도
당신 앞에 서면
금새 얼굴이 붉어지는 날

돌아가는 길목에서

손끝
마지막 힘마저 놓아버린
색 바랜 종잇장
바람에 쫓겨 우르르 몰려다니다
머문 자리에서 바스러져
흙이 되든가 연기로 피워 오르겠지
여린 잎이 세상에 나와
초록으로 짙어졌다가
노을빛으로 투명해졌다가
탁해지면서
색을 마감하는 길
피 토해내는 고통의 여정

누가 지는 해가 아름답다고 했던가
양수에 젖은 배냇머리
백발이 될 때까지
그 기나긴 생의 길을 두고서,
저기 빛바랜 노인
도회지로 떠난 자식 생각에
등이 굽어가고 있다.

| 작품해설 |

깔끔함 속에서 묻어나는 수줍음의 詩 세계

— 유창섭(시인)

조용한 사람…

내가 만난 한인석 시인의 첫 인상은 그랬다.

그러나 그를 자주 대하면서 그의 속 깊은 내면에서 언뜻언뜻 내비치는 단단함 같은, 쉽게 무너지지 않을 견고함이 보였다.

항상 미소를 머금고 있는 그의 인상은 소박하고 순수한 때 묻지 않은 그 무엇을 느끼게 해 주었지만, 막상 어느 술자리에 나서면 그는 폭풍과도 같은 격렬함으로 다가오는 때가 있었다.

그의 모습 속에 그런 부분이 있었던 것일까 하고 생각하게 할 만큼 재기가 넘친다. 기교가 넘친다. 그의 시도 그런 모습이 아닐까?

그는 타고난 '글쟁이'다. 시인으로 등단했고, 시조시인으로도 등단했다. 공무원 문예대전 등 많은 문예작품 부문에서 수상한 경력이 이를 뒷받침한다. 그래서 그는 재사才士다. 재줏꾼이다.

시가 밥이 될 수는 없는 것이지만 그는 개의치 않고 꾸준히 글을 쓴다. 그 간의 작품들을 모아 묶은 첫 시집이어서 기대가 된다.

한인석 시인의 시는 투명하고 맑다. 그만큼 순수하다는 의미일 것이다. 그의 시는 비교적 짧고 이미지의 결이 간결하다. 그 속에 작은 소품 같은 진솔한 그림이 그려지는, 그래서 더 곱게 느껴지는 섬세한 눈길이 다정하다. 밋밋한 듯하면서도 가뿐 호흡이 느껴지는가 하면, 팽팽한 긴장감이 눈을 떼지 못하게 하는 힘이 있다.

그러한 힘을 가진 그의 시 세계 속으로 산책을 해 보고자 한다.

담벼락을 타고 오르는 담쟁이 넝쿨의 끈질긴 삶, 위태로우면서도 그 길을 가야 하는 인간의 삶을 암시하는 시 한 편을 읽어 본다.

온 몸으로 끌어안았던
담벼락을 놓치고 말았다
하늘로 까치발 들었다가
발을 그만 헛디딘 게지
이슬 한 모금 목 축이려다
비틀거리는 세상
거꾸로 허공에 일렁이는
어지러운 세상
다시 한번 용기 내어

구름 사이로 쏟아지는
햇살 거머쥐고
하늘을 향해 올라가야지.

(시 '담쟁이 넝쿨' 전문)

담쟁이 넝쿨을 통해 본 세상살이가 냉소적인 듯 "하늘로 까치발 들었다가 / 발을 그만 헛디딘 게지"라고 말하는 그 성찰의 눈길이 진지하다.

끝까지 살아있는 날까지 희망을 잃지 않고 존재하는 이유를 찾아내는 끈질긴 생명력이 마음을 끌어안는다. 그러면서도 견고함이 엿보인다.

담쟁이 넝쿨과 시적 상징의 이미지가 유사하게 느껴지지만 실존의 주체인 생명들이 삶의 시간을 엮어가는 철학적 인식이 드러나는 시 한 편, '세월의 집'을 읽어 보면 그가 가진 삶에의 애정과 성찰에 대한 깊이를 느낄 수 있다.

바람 길목 한 귀퉁이에
그물 늘여 놓고
몸을 숨긴다
비바람 속에서도
중심을 잃지 않고
일렁이며
세월을 낚는 인고
길 잃은 참새가 지나간 자리엔
텅 빈 허공

찰나에 무너지는 허무

땅으로 곤두박질치면서도
씨줄 뽑아 새 집을 설계하는
스피노자

거미는 한 땀 한 땀 또
삶을 깁는다
한 세월을 깁는다.

(시 '세월의 집' 전문)

"내일 지구가 멸망한다 하여도 오늘 나는 한 그루의 사과나무를 심겠다"던 스피노자의 희망처럼 삶의 집념에 대한 끈을 놓지 않는 거미의 인내심과 집념을 통해서 우리는 하나의 커다란 울림을 경험한다.

한 시인의 사랑은 어떠한 모습일까?

그의 시 '사랑 연작'에서는 현대의 젊은이들의 격렬하고도 노골적이며 현란한 사랑이 아닌 다소곳이 숨겨진 '은근한 사랑'의 이미지가 들어가 있다.

다음에 읽어 보는 '설중동백'은 눈 속에 피어 있는 동백꽃의 아름다움과 시인의 심상 이미지가 결합되어 은근히 내비치는 사랑을 잘 그려내고 있는 시이다.

하 많은 날 다 지내고
하필이면 엄동설한에 오신 당신

미어져 터질듯한 가슴 풀어헤쳐
기어코 고백하고 말았구려

말 못할 고통 붉게 삭혀
목화솜 이불 살포시 들추고
상기된 얼굴 수줍게
봄날처럼 벙그는 사랑

밤새 헝클어진 바다
가지런히 빗겨놓고
찝질한 바람 맨얼굴로 맞으며
섧게 살아 온 세월 풀어내는 몸짓

바다에 비친
시퍼렇게 얼어붙은 하늘도
속앓이하는 이 마음도
당신 앞에 서면
금세 얼굴이 붉어지는 날

(시 '설중동백' 전문)

"봄날처럼 벙그는 사랑"이나 "당신 앞에 서면 / 금세 얼굴이 붉어지는 날"로 표현되는 이 시처럼 한인석 시인과 이야기를 나누게 되면 그의 수줍어하는 몸짓이나 마음이 엿보인다.

그런 때문일까? 그의 시 속에서도 그러한 마음이 읽혀진다. 그러나 그 수줍음이 그저 오랜 습관 속에서 나타나는 것만이 아니라는 것, 그 수줍음 뒤에 숨겨진 단단함 같은 것, 그것을 지탱하고 있는 힘을 느낄 수 있다.

'사랑'을 소재로 한 연작 詩 중에서 '연심'을 읽어 보면 그의 사랑은 수줍고 소박한 마음을 느끼게 한다. 아마도 전통적인 생활 습성에서 온 것이리라.

산새 소리에
쨍 하고 금이 가는
구름 걸린 산사 연못
부표처럼 물 방석 깔고 앉아
천 길 수심에서 길어 올리는
깊이를 알 수 없는 그리움
가슴 깊이 숨겨 놓았던
비단 보자기 속 씨앗들
하나 둘 풀어 봉오리를 만들고
진흙 뻘에 묻혀 차곡차곡 쌓인 연민
연분홍으로 물들여
세상 밖으로 밀어 올린다
이제는 더 이상
부끄러움도 수줍음도 없다
꽃대 하나 올리려
허공에 떠 있는 저 마음
사랑이 아니고 또 무엇이랴!

(시 '사랑 · 4/蓮心' 전문)

사랑의 감정이 서서히 엷어지며 삶이라는 현실 속으로 매몰되어 가면 우리는 그 감정의 뿌리를 놓치는 때가 많다. 바로 그 자리에서 한 시인은 부대끼며 살아가는 진흙 뻘 같은, 끈끈한 삶의 내면에 그 뿌리를 내리고 있는 것이 사랑이라는 것을 이 시를 통하여 일깨워 준다.

레일에 귀를 대지 않고도
십 리 밖 숨소리를 듣는다
덜컹거리며 왔다가
서서히 꼬리를 감추는 뒷모습에
촉촉이 묻어나는 향수
지축을 흔드는 울림 속에서도
어린것들 노심초사 키우며
곤두박질치는 TV 화면도
하나의 일상이 되고
기적소리를 괘종시계 종소리로
바꾸어 놓았다
주어진 세상에 들어가
하나가 된다는 것이
이처럼 편안하다는 것을
이제야 알게 된다.

(시 '기찻길 옆' 전문)

기찻길 옆에 사는 사람들은 과거부터 현재에 이

르기까지 가난한 삶을 살아온 서민들의 표상처럼 여겨져 왔다. 그 가난한 삶 속에서 우리가 잃어버린 향수를 떠올리게 된다. 그리고 그 가난함 속에서도 단단하게 뭉쳐져 있는 그리움 같은 것, 아니 편안함 같은 것을 느낀다.

시를 쓰는 시인들은 자신의 심상 이미지를 다양한 의미로 재해석될 수 있는 상징으로 바꾸어 놓고 독자들의 상상력에 날개를 달아준다.

사실 그 속에서 시의 오독誤讀이라는 문제가 생기기도 하는 것이지만, 독자가 독자의 개인적 삶을 통해 얻은 지식이나 생활 속에서 굳어버린 심성적 반응이 일정하지 않음을 인정하고, 그것을 바탕으로 시적 상상에 몰입한다면 시인이 쓴 시를 시인의 의도대로 읽게 되리라고 기대하기는 어렵다.

따라서 엄밀하게 말한다면, 시인의 손을 떠난 시는 이미 독자의 것이 되어 그 다양한 반응을 시인의 의도대로 고정시키려는 것은 그리 쉬운 일이 아니다.

시인들은 그런 독자들의 심상을 교묘히 파고들어 다양한 의미로 재해석하게 하는 글을 쓰게 되는 경우가 많다. 한 시인의 시 중에도 가끔 그러한 시가 보인다. '물결'과 같은 시도 그러한 예의 하나가 될 수 있을 것이며, 다음에 읽게 되는 '그늘에 선 나무'도 그러한 의도가 숨어 있는 시라고 볼 수 있을 것이다.

목을 길게 빼고 있지만
사는 것이 느~을 목말랐다
양지쪽에 서고 싶은 마음이겠지만
그것도 타고난 천성이 아니고서야
게으른 몸뚱이 추켜 세워 음지에서도
수십 년 홀로서기를 했다
출생은 세상과의 인연
낮이 짧음을 애석해 하며
젊어서 못다 한 정열
그 아련한 그리움을 찾아
어둠 밝혀 일어선다
이제
잔뿌리까지도
지구의 모든 세포를 움켜쥐고 있는
불혹의 나무는
조용히 숨고르기를 하며
스스로 제 팔을 잘라
제 그늘 밑에 선
또 다른 나무를 키운다.

(시 '그늘에 선 나무' 전문)

시인은 나무 한 그루를 통하여 우리의 삶의 모습을 대비시킨다.

즉, 시인은 자신을 한 그루의 나무로 환치시켜 놓고 그 밑에 다음 세대를 이어갈 자녀들을 키우는 모습으로 그려낸다.

“스스로 제 팔을 잘라 제 그늘 밑에선 또 다른 나무를 키운다”라고 노래함으로써 희망을 가지고 미래를 이야기하는 건강한 삶을 그려내어 보여준다.

다음에는 시를 쓰는 습작 초기의 ‘바지랑대’를 살펴본다.

하늘 받쳐
비스듬히 기대 선
곧은 몸매
여인네 부드러운 손길로
반들반들 윤이 나고
새벽이슬로
보습한 피부에
고추잠자리 찾아오면
어젯밤 샘가에서
볼 붉혔던
황망했던 일 들킬까
고개 들어
하늘을 삼킨다.

(시 ‘바지랑대’ 전문)

시인은 각자 자신만의 언어와 어법을 가지고 있어야 한다고 믿는다.

우리가 잊고 있는 아름다운 우리말에 대한 탐구정신, 이를테면 시인은 우리말을 잘 가꾸고 다듬어 나가야 한다는 사명감과 애정이 있어야 하는데, 여기에 나타나는 '바지랑대'는 아름다운 우리말을 보여주는 한 예가 될 것이다.

시의 내용 또한 그러하다. 빨랫줄에 걸려 있는 속옷을 적시하지 않더라도 "볼 붉혔던 / 황망했던 일"로 미루어 짐작되는 바지랑대의 상징성이 상상력을 자극하는 멋진 감각으로 다가온다.

마지막으로 달빛 밝은 밤, 인적도 끊긴 나루터의 적막함과 무언가에 대한 막연한 기다림의 정서가 절묘하게 어우러진 '나루'를 읽어본다.

달빛 떨어지는
억새꽃 언덕에 올라서니
큰 북 하나 걸려 있네

둥둥둥 북을 울리니
억새가 출렁이고
강물이 솟구치고
잠들었던 산이 벌떡 일어서고

이내
강 건너 외딴집 사립문이
삐그덕 열리더니
—기다리시유 시방 나가유
작은 인적도 반가움에 젖는 외로운 나루

달빛 묻어 돌아오는
메아리 따라
비틀 걸음으로 오는
나룻배엔
산 그림자 가득 실려 있네.

(시 '나루' 전문)

"작은 인적도 반가움에 젖는 외로운 나루"라는 서술이 반가움과 기다림의 정서를 잘 나타내어 주고 있지 아니한가.

달을 '큰 북'으로, "둥둥둥 북을 울리니 / 억새가 출렁이고 / 강물이 솟구치고 / 잠들었던 산이 벌떡 일어서고"로 표현되는 2연의 내용을 들여다 보면 심신心身의 복합적 이미지가 교묘하게 얽혀 있음을 알 수 있다.

그 뒤에 이어지는 싯귀 "달빛 묻어 돌아오는 / 메아리 따라 / 비틀 걸음으로 오는 / 나룻배엔 / 산 그림자 가득 실려 있네"라는 정서적 접근은 홀로 집에 남아 남편을 기다리는 아낙의 마음을 보이지 않게 잘 그려내고 있는 것이다.

이상에서 한인석 시인의 첫 번째 작품집을 읽어 보며 그 내면을 가늠해 보았다.

한인석 시인의 눈길은 수채화 같다. 그 속에 은근함과 은밀함이 잘 어우러지고 있다.

그의 시는 요즈음의 신인들처럼 패기 발랄하며

현란한 수사적 기교로 직조된 시는 아니지만, 요즘 시인들이 접근하기 힘든 은근함과 끈기, 소박한 정겨움이 담겨 있다.

그의 시는 담담한 어조를 가지고 있으며 서두르지 않고 담백하며 명료하다.

이제까지 시인이 되어 '자신만의 어법과 자신만의 언어, 자신만이 가질 수 있는 시적 정서의 발현, 그리고 자신만이 가지는 시 형식에 대한 탐구' 즉, 자신만의 시詩의 그릇을 만들어 내기 위한 작업이 계속되어 왔다고 할 수 있을 것이다. 그러므로 앞으로는 자신이 만들어내는 시적 실험을 통하여 더욱 아름답고 절실한 시적 정서를 표현해 내는 일에 보다 더 많은 노력을 해야 하리라고 생각한다.

그의 글 솜씨는 여러 차례 글 겨루기 대회에서 자주 확인되었던 것처럼 그의 시 역시 매끄럽다. 자칫 상투성(cliché)을 벗어나지 못했다는 의심을 받을 만큼….

그러므로 앞으로 그의 과제는 그러한 혐의에서 자유로워야 한다. 보다 다양한 시의 그릇을 만들어 자신의 심상 이미지를 가장 적절한 형식으로 다듬어 내는 일, 그리고 자신만이 가지는 어법과 형식을 개발해내는 일과 새로운 실험적 정신에도 눈길을 주는 시인이 되기를 기대해 본다.

시집을 내는 일은 다시 더 높은 도약을 위하여 잠시 매듭을 지워 놓는 일로써 시의 종결이 아니라 시작이다.

기왕에 형성된 자신의 시 세계에 지나치게 집착하지 말고 보다 자유로운 시의 세상으로 자신의 시 형식을 넓혀가며 더욱 아름다운 시의 세계를 열어가게 되기를….